AF310342

PÉTITION

SUR

LA DIFFAMATION

En Matière de Presse industrielle

POUR LA RÉVISION DES LOIS D'AOUT 1819 ET CELLES DE SEPTEMBRE 1835

ADRESSÉE

A LA CHAMBRE DES PAIRS

ET

A LA CHAMBRE DES DÉPUTÉS,

Par M. DESERTINE,

Directeur de l'OFFICE DE PUBLICITÉ, électeur et éligible au 2e arrondissement de Paris, adjudant en retraite.
BOULEVART MONTMARTRE, 9.

Imprimerie de BELIN et Comp., rue Sainte-Anne, 55.

PÉTITION

DE LA CHAMBRE DES PAIRS

et

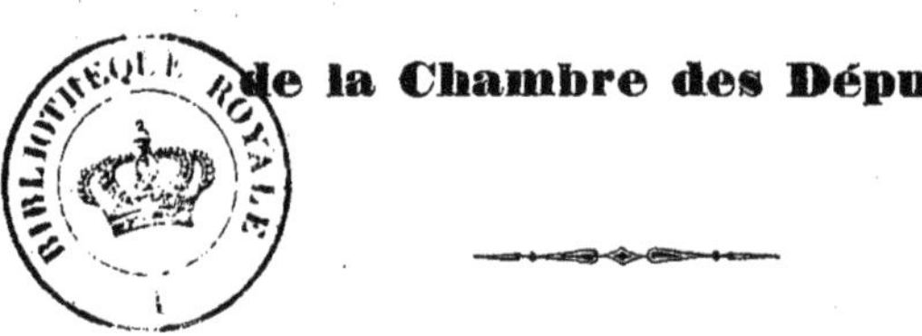

de la Chambre des Députés.

MESSIEURS,

Au moment où le corps législatif vient de voter une loi concernant les tribunaux de commerce et le mode d'élection de leurs membres, et où il est à la veille de discuter un projet relatif aux sociétés en commandite par actions, je crois devoir lui soumettre quelques réflexions qui se rattachent à ce dernier sujet et dont une expérience, maintenant irrécusable, réclame la prise en considération. La logique triomphante des faits doit nécessairement rectifier les théories qui semblaient les plus saines et les plus appropriées à la nature des hommes et des choses.

Vous avez dû déplorer, Messieurs, les nombreuses et graves catastrophes qui ont, dans ces derniers temps, affligé notre commerce intérieur ; les pertes matérielles qu'elles ont fait éprouver à la richesse publique et aux fortunes particulières égalent à peine le préjudice moral qu'elles ont porté au crédit et à l'antique renom de loyauté dont jouissait notre place. Des professions honorables, qui élèvent leurs titulaires aux premiers rangs de la société, et qui inspiraient une confiance d'autant plus illimitée qu'elles émanent directement de la sanction ministérielle, n'ont pas été plus épargnées dans cette avalanche de sinistres, que les industries inférieures.

Les pertes matérielles peuvent se réparer avec le temps, la sagesse et la stabilité du gouvernement, et des circonstances favorables qui permettent au commerce de reprendre sa marche ascensionnelle et d'agrandir la sphère de son activité. Il n'en est pas de même du préjudice moral. Celui-ci exige un antidote plus immédiat et plus efficace. Il faut que les scandaleux abus dont le pays a été le témoin depuis trois ans ne puissent plus se renouveler impunément ; il faut qu'à cette frénésie d'agiotage et de spéculations extravagantes qui a créé en grande partie tous les embarras actuels, on oppose un frein salutaire et invincible. Puisque une triste expérience a hautement démontré l'impuissance et de nos mœurs et de nos lois existantes pour combattre victorieusement l'invasion de ces funestes tendances, c'est à une nouvelle législation, plus énergique et plus en harmonie avec les nécessités actuelles, qu'il appartient de remplir cette tâche difficile. Seulement, il convient de régler et de modérer cette intervention, de manière à ce qu'elle ne soit jamais qu'une protection éclairée et vigilante, et non un despotisme inquisitorial.

Le commerce, reposant sur la base mobile des intérêts que le moindre souffle effarouche, a ses alternatives de surexcitation et de langueur ; il passe avec une spontanéité que l'on croirait capricieuse d'une sécurité imperturbable à une défiance exagérée ; des causes de diverses natures, les unes pour ainsi dire organiques, les autres extérieures peuvent momentanément restreindre ou étendre son développement ; le pousser vers une extension désordonnée ou le condamner à une attitude stationnaire et même rétrograde. Le caractère de certains événemens politiques, les embarras financiers d'une autre nation, l'encombrement des productions indigènes et la rareté des débouchés internationaux, sont tous des cas qui ont leur contre-coup dans l'atmosphère où s'agitent les intérêts dont le commerce est le moteur et le régulateur.

Mais à ces causes, qui sont connues et dont l'influence est décisive pour la prospérité matérielle d'un peuple, il est venu s'y joindre, dans ces dernières années, un nouveau principe désorganisateur ; je veux parler de la société en commandite par actions, qui a donné pleine et libre carrière à tous les mauvais instincts d'une cupidité déhontée. Je suis loin de méconnaître les avantages de cette forme de société, si elle ne devait être exploitée que par des gens probes et présentant toutes les garanties nécessaires ; je sais que son principe est éminemment conforme à l'esprit de notre époque, en ce qu'il tend à détrôner l'aristocratie des capitaux et à convier les plus modiques fortunes à prendre part aux bénéfices industriels qui n'étaient autrefois répartis qu'entre un petit nombre de privilégiés ; je sais, que loyalement appliquée, elle pourrait devenir un précieux élément de vie et de prospérité pour le pays. Mais, d'après les exemples si récens et si nombreux que nous avons sous les yeux, il n'en est pas moins vrai qu'elle ne peut plus exister avantageusement, telle qu'elle a été constituée et autorisée par le code de commerce, promulgué en 1808 ! Le temps a fait justice de la plupart des dispositions arriérées qu'il consacre ; tout a progressé, le commerce aussi bien que l'industrie et les arts. De nouveaux besoins se sont manifestés avec tant d'insistance que l'on ne peut, en aucune manière, ajourner plus longtemps leur satisfaction.

Les prévisions du code impérial ont été dépassées par la force naturelle des choses ; la loi est restée immobile, tandis que les faits ont marché et alors qu'une situation nouvelle exigeait des réglemens nouveaux. Ce retard apporté à une réforme indispensable a été la source principale des déconvenues qui viennent d'assaillir le commerce. Maintenant, les sociétés en commandite ont fait un trop grand nombre de victimes pour que tout le monde n'en reconnaisse pas les abus, et n'en demande pas instamment la répression. C'étaient des apports ridiculement exagérés, qui servaient à faire consommer une vente très-fructueuse sous l'apparence d'un contrat de société. On voyait naguère une propriété immatérielle, une idée, une invention, souvent la plus vaine, se poser comme une valeur assise, hors de toute proportion, et s'échanger contre des actions industrielles qui, modifiées dans leur nature, prenaient rang à l'égal et avec tous les droits des actions de capital. C'étaient des répartitions d'intérêts et de prétendus bénéfices pris sur le capital, pour faire croire à une fausse prospérité. C'était l'espèce d'intimidation exercée sur les commanditaires par une loi obscure qui les empêche de se mêler de leurs affaires, en les menaçant d'une responsabilité solidaire. Enfin, par un singulier oubli de logique, le commandité, qui bien souvent n'apportait aucune garantie d'honneur et de solvabilité, au lieu de débattre les stipulations du contrat de société avec les commanditaires, leur faisait la loi en réglant à son gré la valeur de l'apport et les différentes conditions du pacte social ! ! ! ...

Organisée sur des principes aussi commodes et aussi élastiques, avidement exploitée par des intrigans sans consistance et sans délicatesse, faut-il s'étonner que la commandite ait fait succéder tant de lamentables déceptions à l'étalage menteur d'une prospérité factice? Quand l'heure fatale est venue de faire la liquidation de cette multitude de spéculations échaffaudées par le charlatanisme, les doléances ont été vives et générales, et une réaction industrielle, qui s'étend jusqu'aux entreprises les plus solides et les plus respectables, a pris la place de l'engouement épidémique de l'opinion. Pour donner une idée de la perturbation que cette fausse tendance des capitaux a produite dans notre système économique, il suffit de rappeler que dans le cours de la dernière année seulement, 170 sociétés en commandite ont été déclarées en faillite ouverte, et plus de 300 autres en état de liquidation; c'est-à-dire qu'elles n'ont rien laissé à leurs actionnaires. Ce chiffre représente un capital de près de 180 millions de francs qui, je le sais bien, n'ont pas été anéantis ni absorbés, mais du moins enlevés à la production ; ils ont occasionné un tort réel et incalculable à la véritable et bonne industrie; ces sinistres ont paralysé, pour un temps indéfini, l'essor des transactions ; ils ont rendu presque impraticable l'exécution immédiate d'une grande mesure financière que le pays attendait avec impatience depuis deux ans : la conversion des rentes.

Mais trêve à ces récriminations contre un passé désastreux ! Puisse cette leçon, quelque terrible qu'elle soit, dessiller les yeux aux plus incrédules et ramener l'esprit public, trop long-temps fasciné par un adroit et spécieux charlatanisme, dans des voies plus sages et plus rationnelles ! Aujourd'hui qu'un douloureux enseignement a dû le convaincre que les bénéfices gigantesques qu'on garantissait avec tant d'assurance et tant de prodigalité aux plus minces placemens, n'étaient qu'un leurre, qu'un appât tendu à sa cupidité ; aujourd'hui qu'il a appris, à ses dépens, que le succès d'une entreprise était le fruit du travail, de méditations sérieuses, de soins infatigables et non de manœuvres de Bourse, de tripotage d'actions industrielles, la tâche du législateur se trouve de beaucoup simplifiée : il ne s'agit plus que de doter le pays d'une bonne loi sur les sociétés en commandite, loi qui prévienne le retour des turpitudes que nous avons tous vues et dont notre situation commerciale supporte encore la suite; aussi je ne veux point empiéter sur cette partie de la question qui est exclusivement confiée à votre prudence et à vos lumières; c'est sur une autre que j'invoque votre bienveillante attention.

Il est hors de doute que beaucoup de désastres que nous déplorons n'eussent pas eu lieu, si la presse périodique, ce guide avancé de l'opinion, toutes les fois qu'elle se renferme dans une mission d'utilité générale, eût rempli, vis-à-vis des frauduleuses combinaisons industrielles dont elle était la spectatrice impassible, le devoir que l'on devait attendre de sa loyauté et de son indépendance. Mais sauf quelques journaux qui ont fait entendre de rares protestations contre la prédilection irréfléchie du public pour la commandite, le plus grand nombre d'entr'eux absorbés par les luttes quotidiennes de la politique, ont décliné une tâche dont ils ne soupçonnaient sans doute point la haute portée, tant ils ont fait preuve d'optimisme et d'insouciance. La plupart même ouvraient complaisamment, mais certes non gratuitement, leurs colonnes à tous les prospectus, à toutes les réclames, à toutes les annonces qu'il plaisait aux fondateurs des sociétés en commandite de faire rédiger en faveur d'entreprises qui ont eu presque toutes une fin malheureuse!... Je n'entends point juger la moralité de ce fait; je ne veux que le constater et faire ressortir combien les journaux qui ont le plus d'autorité sur le public, étaient peu en mesure de l'éclairer ; soit à cause de leurs préoccupations politiques , soit à cause de leur dédain pour des questions particulières où sont en jeu des noms propres et des intérêts positifs, soit à cause enfin du moyen infaillible employé pour obtenir leur assentiment ou plutôt leur neutralité. En dehors de la presse dite politique et littéraire, il existait bien une presse uniquement industrielle qui s'efforçait d'encourager et de propager les sympathies déclarées du public pour toutes les spéculations commanditées; mais cette presse, sauf une ou deux feuilles qui se sont maintenues dans une ligne constamment droite et pure, n'était généralement qu'une humble satellite qui se mouvait dans l'orbite de quelques hauts et puissans *faiseurs* dont elle portait aux nues toutes les idées, toutes les conceptions, même les plus imaginaires. Placée dans une attitude précaire et dépendante, elle était obligée d'applaudir à tous les faits et gestes des patrons qui la subventionnaient et lui fournissaient sa rédaction habituelle. Toute son éloquence, toute sa rhétorique étaient à leurs ordres ; elle était leur docile interprète auprès du public, à qui elle présentait sous les couleurs les plus séduisantes des entreprises qu'elle condamnait dans son for intérieur. Grâce à ces éloges emphatiques et intéressés, le nombre des dupes s'accroissait à vue d'œil; et le pays entier se trouva enveloppé dans un vaste réseau de pièges tendus à la bonne-foi et auxquels bien peu de capitalistes durent échapper.

Telle a été la marche des choses qui a singulièrement contribué à agraver la crise commerciale dont nous sortons à peine ; je la rappelle pour montrer combien la mission des feuilles, qui se posaient à cette époque les défenseurs désintéressés et consciencieux de la cause du public trompé et abusé, était délicate, épineuse, et même impossible. Leur voix isolée était étouffée par le concert de clameurs qu'elles ne manquaient pas de soulever ; abandonnées dans la lutte, réduites à leurs forces uniques, ne pouvant compter que sur le dédain des uns et la haine déclarée des autres, elles étaient impuissantes à conjurer l'orage qu'elles pressentaient. Vainement, elles redoublaient d'ardeur et d'énergie dans la carrière difficile qu'elles avaient choisie, elles ne recueillaient que quelques rares et stériles encouragemens. Plus tard, lorsque les événemens sont venus justifier leurs prévisions, lorsque les astucieuses manœuvres qu'elles signalaient ont été complètement démasquées par les faits ; lorsqu'une immense déconfiture a été le dénoûment fatal de tant d'entreprises que l'on annonçait si splendides, si prospères, il a bien fallu se rendre à l'évidence, et reconnaître que ces feuilles, nouvelles Cassandres, étaient inspirées, non par un vil esprit de dénigrement systématique ; mais par l'amour du bien public et l'intelligence de l'apostolat que doit remplir tout organe de la presse périodique. Aussi, tandis que leurs antagonistes n'ont pu survivre aux entreprises *verreuses*, dont elles étaient à la fois et les protecteurs et les protégés, les journaux industriels, qui n'ont point pactisé avec l'iniquité, ont conservé la confiance du public, et ont vu récompenser leurs efforts par un accroissement de prospérité matérielle : ils sont restés seuls dans l'arène.

Je pense avoir fait suffisamment ressortir l'importance du rôle qui est réservé à la presse industrielle, dans une époque et dans un pays où tout ce qui se rattache aux intérêts positifs, a pris une prépondérance si marquée. En considérant les services éminens qu'elle peut rendre, on se convaincra qu'elle a des droits aussi légitimes à la sollicitude du pouvoir que sa sœur aînée, la presse politique. Pourtant, lorsqu'on examine leur situation respective, on remarque qu'elle est beaucoup moins favorablement traitée. Je vais essayer de le prouver, en reproduisant ici les articles que j'ai publiés, sur cette matière, dans l'*Office de Publicité*. (Numéros du 4, 11, 18 décembre 1839, 1er janvier, et 5 février 1840.)

« Les diverses infractions aux lois revêtent un caractère différent, suivant la condition sociale ou la position particulière des personnes qui en sont prévenues. L'appréciation des faits dont elles sont inculpées, est soumise à des juridictions dont la compétence est clairement définie. En vertu de ce principe de bon sens et d'équité naturelle, le militaire n'a point les mêmes juges que le bourgeois ; le négociant, en tant qu'il agit commercialement, n'est point assimilé à un prévenu ordinaire ; l'accusé politique, le publiciste incriminé, ne s'assoient pas sur la même sellette que le vagabond ou l'escroc de bas étage. S'il est arrivé parfois à quelques hommes puissans de tenter cet indigne rapprochement pour assouvir de basses et mesquines vengeances, que de protestations n'ont pas fait entendre les journaux de toutes les nuances d'opinion ! Elles ont été si fortes et si unanimes qu'elles ont fini par mettre fin à un abus de pouvoir aussi odieux. Sauf certaines exceptions introduites depuis ces dernières années, et qu'il ne nous appartient pas de discuter ici, l'axiôme éminemment constitutionnel : *A chacun ses juges naturels*, est convenablement respecté.

» Aussi, quand on examine la jurisprudence vraiment draconnienne qui peut faire expier à une feuille industrielle sa courageuse véracité, on ne peut s'empêcher de reconnaître que les vues du législateur sont dépassées, sinon méconnues ; et qu'il y a une importante modification à introduire dans ce chapitre de notre Code pénal. Oui, nous le soutenons avec une profonde conviction, il est illogique, pour ne pas dire plus, que le directeur d'un journal qui se voue à la défense des intérêts publics, en signalant les manœuvres et les déceptions du charlatanisme industriel, soit justiciable de la même juridiction qui est habituée à sévir contre d'ignobles prévenus, appartenant à la fange de la société ! Puisque la loi est pour le fripon de haut parage ; puisqu'avec la menace d'une action en diffamation, il peut refouler toutes révélations inquiétantes ; puisqu'en un mot il a sous la main un moyen infaillible de réduire au silence tout importun censeur, qui s'avisera d'éclairer et de qualifier ses prouesses ? contentons-nous de trouver étrange cette déviation de l'esprit de la loi, et de la considérer comme une des conséquences des doctrines qui triomphent aujourd'hui, mais provisoirement, dans nos mœurs et dans nos institutions ; mais au moins la raison et la justice veulent qu'un délit, qui rentre plus spécialement dans les attributions d'un tribunal de commerce, ne relève pas d'un tribunal de police correctionnelle. N'est-ce pas une incontestable aberration dans notre système pénal que le gérant d'une feuille industrielle, pour avoir qualifié quelque peu sévèrement, mais tout en ne s'écartant point de la vérité, les faits et gestes de certains faiseurs connus, jouissant déjà d'une réputation de probité plus qu'équivoque, soit traité sur le même pied et comparaisse devant les mêmes juges que des accusés qui sont la plupart l'écume de la population !.... Ce contact d'un instant n'est-il pas seul un fait scandaleux, et qu'il importe de faire cesser? Quoi ! l'écrivain, alors même qu'il a dépassé les limites des convenances, en cédant à un généreux mouvement d'indignation, et au besoin de mettre le public en garde contre une entreprise qu'il sait être mauvaise et assise sur de fallacieuses combinaisons, cet écrivain est exposé à comparaître devant les mêmes juges que le criminel tombé en récidive, ou qui a rompu son ban !... Une pareille anomalie est de nature à inspirer de pénibles réflexions.

» D'ailleurs, devant l'opinion qui, comme on l'a vu plus d'une fois, ne se fait pas scrupule de casser les décisions de la salle des Pas-Perdus, tel individu, reconnu judiciairement comme un honnête homme, n'en passera pas moins, aux yeux de ceux qui le connaissent, pour mériter une épithète diamétralement opposée. C'est un bien pitoyable expédient que de solliciter des tribunaux, un article du Code à la main, une réhabilitation que l'on n'ose espérer de ses concitoyens ! Voilà les observations qui préoccupent naturellement le public, témoin des débats d'un procès en diffamation, entre le chef d'une entreprise commanditaire, obligé de se réfugier derrière les subtilités d'un article du Code, et le journaliste qui a cru devoir, dans l'intérêt des actionnaires attachés à cette entreprise, provoquer une discussion ouverte et loyale, le public, disons-nous, n'hésite point dans le choix de ses sympathies. Son sens droit et sa sagacité sont rarement en faveur de celui qui a transformé une lutte de presse et de controverse commerciale en une lutte de chicane et de procédure ! Presque toujours le vainqueur se retire de l'audience plus meurtri que le vaincu ; et dans son désappointement, il peut s'écrier, comme le roi d'Épire, après la défaite des Romains ! *Encore une victoire achetée si chèrement*, et je suis obligé d'évacuer l'Italie ! Londres et Bruxelles sont aujourd'hui l'Italie de la plupart de ceux qui sont obligés trop fréquemment de demander à la justice des brevets d'honnêtes gens.

» Il est à regretter que dans la fameuse codification de septembre 1835, on ait englobé imprudemment la presse industrielle et la presse politique ; et que le pouvoir ait mis le même bâillon à toutes deux, bien qu'il n'eût pas contre l'une, les mêmes griefs que contre l'autre. A coup sûr, si la presse industrielle, et nous entendons celle qui remplit sa mission avec intégrité, eût conservé son franc-parler, la France n'eût point été agitée pendant deux ans d'une frénésie d'agiotage qui a finalement abouti à une débâcle commerciale dont nous ressentons encore les suites ! Nous n'eussions point vu une cohue d'industriels éhontés, sans consistance comme sans moralité, s'abattre sur le terrain de la commandite comme une bande de vautours et de chacals affamés ; nous n'eussions point vu la cupidité prendre mille masques, mille formes, pour soutirer l'argent des jobards ; nous n'eussions point vu toutes ces hâbleries, toutes ces ruses plus ou moins bouffonnes qui nous feraient sourire, si elles n'eussent été accompagnées de larmes et de regrets amers ; en un mot, pour l'honneur du pays, l'histoire n'aurait point à nous reprocher un jour d'avoir, à une époque aussi éclairée, et aussi philosophiquement avancée que la nôtre, donné tête baissée dans les mêmes égaremens, dans les mêmes travers que la société pourrie de 1720. Certainement si une foule de journaux dirigés par des hommes habiles et intègres, eussent entrepris d'opposer une digue à ce torrent dévastateur, en faisant connaître les antécédens et la moralité des hommes qui exploitaient alors impunément la crédulité publique, bien des maux et bien des scandales eussent peut-être été évités ; bien des familles ne seraient point aujourd'hui plongées dans la misère ; misère d'autant plus affreuse qu'elles ont connu l'aisance. Nous ne prétendons pas qu'il eût suffi de quelques journaux, coalisés pour la défense de la morale et de la fortune publique, pour éclairer l'opinion, la faire revenir de son fol enthousiasme, et lui donner des idées plus saines en économie politique ; non sans doute il eût fallu l'intervention d'un agent plus puissant, d'une bonne loi, pour amortir l'ivresse générale qui livrait sans défense les petits capitalistes aux pièges de l'industrialisme. Mais les révélations des feuilles, s'attachant à la critique d'entreprises commanditaires, n'eussent pas laissé que d'être d'une immense utilité ; elles eussent ouvert les yeux à plus d'un capitaliste ; elles eussent rendu moins désastreuse la catastrophe financière qui a été le résultat nécessaire et inévitable de cet engoûment universel et irréfléchi pour toutes les spéculations industrielles, quelles qu'elles fussent.

»Malheureusement avec la loi qui nous régit, cette défense de l'industrie honnête contre l'industrialisme était impossible à organiser, à moins qu'il ne se fût trouvé bon nombre de ces hommes décidés à payer de leur fortune et de leur liberté les services éminens et désintéressés qu'ils auraient rendus au public, et ces hommes sont plus rares qu'on ne le pense par le temps qui court. Car il faut convenir qu'il n'est guère de tâche plus ingrate et plus hérissée de difficultés que celle-là. Non-seulement on se dévoue à des haines implacables, et celles qui proviennent de l'intérêt ne sont jamais autres ; non-seulement on se met sur les bras des adversaires généralement subtils et intrigans ; non-seulement on est presque toujours isolé dans l'arène ; car la confraternité de la presse politique ne s'étend, pour ainsi dire, point à la presse industrielle ; mais on s'expose à avoir contre soi la loi et les tribunaux, à être déclaré juridiquement diffamateur d'un homme déjà stigmatisé dans l'opinion. Lors même que sa conduite ultérieure viendrait hautement confirmer les insinuations qu'un arrêt a pu taxer de mensongères, il est rare qu'il aille s'asseoir à son tour sur la sellette de la correctionnelle ; certains arrangemens pris à propos, ou si le cas est trop compromettant, une fugue sur les bords de la Tamise, ou un voyage sentimental en Suisse ou en Italie, ou dans les riches plaines de la Belgique, le mettent à même de braver impunément les malédictions de ses dupes, et les impuissantes proscriptions de la justice non-satisfaite. Encore un coup, avons-nous raison de dire que, plus on étudie ce qui se passe journellement sous nos yeux, en matière d'industrie, plus on trouve que les fripons ont de moyens d'éluder les lois et de se soustraire à leur vindicte.

« D'après ce que nous avons exposé, on a pu apprécier quelle tâche épineuse s'imposait le fondateur d'une feuille industrielle. Non seulement il se dévoue d'avance à des inimitiés puissantes et implacables ; non seulement il reste isolé dans la lice où il n'est soutenu que par de stériles approbations, mais encore il a contre lui le texte de la loi formelle sinon son esprit. Chacune de ses velléités de franchise et d'indépendance peut être le motif d'une poursuite judiciaire, dont le dénoûment est presque toujours une condamnation, pour peu qu'il ait commis quelque allusion personnelle. Ainsi, à moins de se renfermer dans un cercle étroit de vagues généralités, à moins de se résigner à être constamment sur la ligne d'une timide neutralité, alors que le scandale déborde de toutes parts, on est certain d'attirer sur soi la foudre des réquisitoires. Vainement, l'écrivain inculpé pourra-t-il arguer des intentions droites et excellentes qui l'ont animé ; vainement pourra-t-il déduire les preuves écrites ou testimoniales des faits qu'il a avancés, on lui opposera une fin de non-recevoir qu'il ne peut décliner, puisqu'elle est puisée dans le texte précis de la loi. Ainsi, pour avoir été le bénévole interprète des légitimes doléances d'actionnaires ruinés et bernés, pour avoir mis en garde la bonne foi publique contre le piége que lui tendent certains industriels, il sera condamné à l'amende, à la prison et quelquefois à des dommages-intérêts ; sur la même sellette et devant le même tribunal habitué à juger des délits d'une nature toute différente ! Enfin, pour dernier trait de cette esquisse trop exacte des tribulations qui lui sont réservées, souvent il paiera son amende et il expiera sa peine au moment même où aura lieu la débacle commerciale qu'il aura prévue.

» Telle est la marche ordinaire des choses pour celui qui ose révéler, dans toute leur nudité, certaines combinaisons de l'agiotage et de l'industrialisme. C'est peut-être le seul genre de service réel rendu au pays qui, loin de rapporter profit et gloire à son auteur, ne lui attire le plus souvent que de mesquines et incessantes persécutions, soit de la part du parquet, soit de la part d'hommes heureux de trouver un certificat négatif de probité dans un article mal défini de législation ! Il supporte toutes les peines de la lutte sans qu'il espère trouver la plus légère compensation dans les dispositions cordiales de ses confrères du grand format, et ceci n'est point une assertion hasardée...

parler de la situation précaire de leur entreprise sans que leur nom soit plus ou moins mêlé à ce compte-rendu, ils profitent du droit de réclamation que la loi leur confère pour sommer le directeur du journal, coupable de cet excès de franchise, d'insérer un long et pompeux panégyrique et de leur œuvre et et de leur gestion ; le tout assaisonné d'insinuations plus ou moins malveillantes pour le caractère de leur adversaire ; ce dernier se refuse, comme on s'y attend, à la reproduction d'un factum qui a le double défaut à ses yeux, d'être d'abord rédigé d'une manière inconvenante, et d'être, d'un bout à l'autre, la négation de la vérité. Une action en diffamation est la conséquence de ce refus, et le tribunal de police correctionnelle enchaîné au texte de la loi, adjuge presque toujours gain de cause à la partie plaignante.

» Mais, le plus souvent, l'impatience de fermer la bouche à un censeur importun, fait que l'on évite toutes ces circonlocutions, et que le charlatanisme, tremblant qu'on lui arrache le masque hypocrite dont il couvre ses manœuvres, s'adresse d'emblée aux tribunaux. Avec le code de septembre, un pareil système de défense est beaucoup plus simple et plus commode qu'une discussion franche et loyale. D'ailleurs, le succès est beaucoup plus certain ; cela est facile à comprendre. Le terme vague et peu explicite de *diffamation* s'adapte merveilleusement à diverses interprétations. Avec ce mot magique, on est sûr de refouler toute vérité qui offense ; car les magistrats de la police correctionnelle, ne connaissant que le fait matériel, sans avoir égard ni aux circonstances, ni aux accessoires de la question, font une application rigoureuse de la pénalité.

» Nous avons exposé l'immense inconvénient qui résulte de l'application littérale et entière des lois sur la diffamation en matière de presse industrielle. Il nous reste à développer quelques réflexions qui corroborent notre opinion et démontrent, jusqu'à l'évidence, la nécessité d'une réforme législative à cet égard. Quel est le sens réel et précis de ce redoutable mot de *diffamation* dont tant de gens de moralité équivoque se font un bouclier ? Si l'on consulte les dictionnaires, on trouve qu'il signifie toute imputation ou toute révélation qui est de nature à porter atteinte à l'honneur et à la considération d'un individu ! Cette prescription de la loi a été établie dans l'unique vue de garantir l'inviolabilité de la vie privée de chacun ; il est certain que dans l'état actuel de nos mœurs, et au milieu des passions qui agitent le pays, s'il était permis au premier-venu de violer impunément la sainteté du foyer domestique, de produire au grand jour les mystères que recèle l'intérieur de la famille, la société serait bientôt ramenée à cet état violent d'anarchie et de barbarie qu'elle a dû traverser dans l'enfance des nations. Elle obéit donc à un puissant intérêt de conservation, en plaçant, sous la sauve-garde des lois, l'honneur de chacun de ses membres. Mais cette salutaire prévoyance n'entend protéger que la vie privée de l'individu ; elle ne peut ni ne doit dérober au contrôle de la presse et de l'opinion, les actes qui se rattachent à la vie publique ; parce que ces actes intéressent la société. Ici la vérité ne saurait avoir trop de retentissement ; il est bon, il est utile, il est indispensable que tout homme revêtu d'un caractère public, soit justiciable de l'opinion de ses concitoyens ; qu'une publicité sévère et infatigable éclaire toutes ses actions. Il est certain que cette surveillance permanente ne laisse pas que d'être incommode et importune dans certains cas, pour celui qui en est l'objet ; mais le principe d'utilité générale l'emporte sur toutes les raisons de convenances personnelles. Ce droit de contrôle est une des belles conquêtes de notre émancipation politique ; il constitue la première et la plus précieuse de nos libertés, celle de la presse.

» Ainsi, le droit d'examiner et de critiquer quiconque exerce des fonctions publiques et assume sur lui une part de responsabilité plus ou moins grande, est impatronisé dans nos mœurs, et est écrit dans le code de nos institutions. Il ne connaît d'autres limites que celles de la justice et de la vérité. Or, le chef d'un établissement industriel, le directeur d'une société commerciale, ne sont-ils pas, eux aussi, sous ce point de vue, dans la catégorie des hauts fonctionnaires officiels ? n'encourent-ils pas une responsabilité ? n'ont-ils pas des comptes à rendre de leur gestion ? puisqu'on ne peut nier qu'ils soient dans cette situation vis à vis de leurs co-intéressés, on doit admettre par la même logique qu'il est permis à toute feuille industrielle de censurer leurs actes, toutes les fois qu'il y a lieu, pourvu qu'elle respecte les convenances et la vérité. Ajoutons que cette tâche est un devoir spécial pour un journal qui, tel que le nôtre, a pris pour devise : Guerre à outrance aux fripons quels qu'ils soient.

» Cette rude franchise nous a valu plus d'un genre de tracasseries ; mais fort de notre conscience et des suffrages désintéressés qui nous arrivent de toutes parts, nous n'en persistons pas moins dans l'accomplissement de la pénible tâche à laquelle nous nous sommes dévoués. D'ailleurs, nous ne sommes point fâchés de fournir à nos dépens une preuve péremptoire de la contradiction de certaines lois, lorsqu'au lieu d'interpréter leur esprit, on s'attache exclusivement à leur sens littéral. Ainsi, d'après notre expérience personnelle, il est admis qu'il y a diffamation aux yeux du tribunal de police correctionnelle toutes les fois que l'on s'avise de suspecter la bonne foi et la scrupuleuse délicatesse des patrons de certaines entreprises avariées.

» Il y a diffamation, si l'on prouve par les raisonnemens les plus convaincans et en ayant les pièces à l'appui, que telle société commanditaire qui se pose sous les plus brillans dehors, renfermé en elle-même des élémens certains de mort et de dissolution; et que ses souscripteurs sont exposés à des déceptions imminentes.

» Il y a diffamation, si l'on a la témérité de qualifier sévèrement la conduite de certains industriels dont les noms se trouvent accolés à une foule d'opérations malheureuses, et de ne voir dans cette série non interrompue de désastres autre chose qu'un hasard fatal.

» Il y a encore diffamation, si on ne sait point contenir un juste élan d'indignation, en voyant un failli relaps afficher un luxe insolent et éclabousser ses nombreuses victimes.

» Enfin, il y a diffamation si l'on se permet de trouver plus qu'inconvenant, plus qu'indélicat le sans-façon de certains gérans commanditaires qui, non contens de l'énorme traitement qui leur est alloué, savent encore réaliser d'autres bénéfices illicites. en s'adjugeant des primes, des pots-de-vin et autres honnêtes rémunérations, ou bien en faisant le tripotage des actions de la société dont ils sont les représentans, ce qui n'est qu'un véritable agiotage et une spéculation honteuse.

» On ne terminerait point cette énumération, si l'on voulait enregistrer tous les cas qui peuvent rendre un journal industriel passible du délit de diffamation. Plus l'on réfléchit à cette singularité législative, plus on est tenté de reconnaître la justesse de cette exclamation égoïste de Fontenelle : « J'aurais la main pleine de vérités, que je me garderais bien de l'ouvrir ! »

» Car il ne faut point s'imaginer que la condamnation qui souvent punit le franc-parler du journaliste, est motivée sur la fausseté démontrée des imputations qu'il a cru diriger contre tel gérant responsable de société en commandite : bien au contraire, la vérité est hors de cause dans ce tournoi judiciaire, le fait seul de la publication d'attaques, entraînant le délit de diffamation, est celui sur lequel statue le tribunal. »

Et dans un dernier numéro du journal précité, nous écrivions ces lignes que nous dictait une conviction profonde ; moins pour demander un remède, qui est tout naturellement dans le bon sens public, que pour signaler une tactique, qui, malgré la baisse qu'elle a subie dans l'opinion, est encore exploitée par tous les industriels de haut parage.

On sait comment dans les régions de la haute finance, et au palais de la Bourse, on fait hausser et baisser à volonté certaine Société en commandite, au moyen d'un ou de plusieurs compères qui traitent d'un certain nombre d'actions supposées, ce cours factice inséré au bulletin officiel, attire les dupes qui ignorent comment ont lieu ces transactions illégales ; car ces faiseurs privilégiés seraient bien embarrassés de constater la réalité de ces négociations par l'exhibition d'une pièce quelconque de comptabilité qui soit perceptible et authentique.

« Nous ne saurions trop nous élever aussi contre le scandale des réclames. que les gérans des diverses Sociétés en commandites font publier chaque jour dans les journaux ; elles ont entraîné la ruine des actionnaires, qui, trop confians dans la bonne foi de ceux qui n'ont pas honte de faire ainsi leur propre apologie, ont confié des capitaux à d'adroits industriels qui les ont entièrement absorbés, sans qu'il en soit résulté aucun profit pour les commanditaires. — Depuis les procès scandaleux qui sont venus éclairer le public sur ses véritables intérêts, et la presse sur l'immoralité de certains articles, que les caissiers d'annonces aux journaux n'acceptaient qu'à prix d'argent, ceux-ci ont voulu mettre leur responsabilité à couvert, et la plupart de ces réclames étourdissantes, avec lesquelles on essaye de faire encore des dupes, n'obtiennent publication qu'avec de grandes difficultés, et encore les gérans ne veulent-ils les laisser paraître qu'après leur signature et entre deux filets, qui indiquent assez au public la source où elles ont été puisées, et le prix qu'on a dû mettre à leur insertion.

» Personne n'ignore aujourd'hui la foi qu'il faut ajouter à ces *affiches-monstres*, annonçant pompeusement un capital social et de *garantie* de 5 10, 15, et même 20 millions, tandis que, le plus souvent, il n'existe réellement qu'un fonds de caisse *négatif*. — Ceci nous rappelle une Société de colonisation au capital de 20 millions, qui, au bout de six mois, fut obligée de laisser les meubles garnissant les lieux pour payer la location de ses bureaux.

Ce que nous avons dit, Messieurs, prouve assez la nécessité d'une bonne loi qui règle les sociétés en commandite par actions et qui mette un terme aux abus scandaleux dont la plupart ont donné l'exemple dans ces derniers temps. C'est à vous de rassurer et de raffermir les intérêts que le dévergondage de la spéculation a gravement compromis ; c'est à vous de donner une direction morale et régulière aux développemens de notre esprit industriel et commercial; c'est à vous de prévenir le retour subit et instantané de ces crises terribles qui n'ont d'autre origine que ce fol et aveugle enthousiasme qui a entraîné les Anglais, en 1825, et les Américains, en 1837, dans de si grands embarras financiers. La reprise du projet de loi sur lequel l'honorable M. Legentil a fait, dans la session de 1838, un rapport si substantiel et si judicieux, est le moyen le plus efficace d'opérer cette œuvre régénératrice.

Vainement quelques théoriciens obstinés qui ne veulent point se rendre à l'évidence des faits, objectent-ils que l'intervention du pouvoir dans le domaine de l'industrie est plus nuisible que salutaire, puisqu'elle en gêne l'allure et qu'elle en restreint la liberté; mais l'expérience a dû éclairer le public sur la valeur des doctrines trop absolues, professées par l'école d'Adam Smith et de J.-B. Say. Il n'est plus d'économiste qui, tenant compte des nécessités actuelles, ne convienne que l'industrie abandonnée à elle-même, ne soit inévitablement exposée, comme on l'a vu, à des écarts et à des déceptions ! La question des chemins de fers l'a surabondamment prouvé. Les plus fervens champions de l'industrie particulière ont rectifié ce qu'il y avait de trop absolu dans leur système; ils reconnaissent que l'intervention du gouvernement, lorsqu'elle est contenue dans de justes limites, peut être avantageuse sous certains rapports.

C'est surtout dans son application aux sociétés en commandite que ce principe tutélaire est appelé à produire d'inappréciables résultats. Plus de place possible à ces aventuriers sans consistance comme sans probité qui spéculaient impunément sur la crédulité publique ! Plus de moyen possible à la cohue de flibustiers industriels d'éluder la vigilance incorruptible de la loi !

Tous les gens de bien gémissent du retard apporté à cette œuvre législative qui, promulguée plus tôt, eût évité les nombreux malheurs dont il nous répugne de dérouler le lugubre tableau. Que d'honnêtes familles tombées soudainement de l'opulence ou d'une condition aisée dans l'indigence ! Que de gens estimables n'ont pu survivre à la perte d'un patrimoine péniblement acquis ou dont la perspective horrible de la misère a abreuvé les jours en les jetant dans le désespoir! Comme l'ange exterminateur de l'Ecriture, la commandite a marqué presque toutes nos maisons d'un signe de deuil; elle n'a épargné ni l'hôtel somptueux du riche, ni la modeste demeure du laborieux ouvrier; elle a distribué à tous, avec une prodigalité impartiale, ses faveurs empoisonnées. Des larmes et du sang, voilà ses lamentables trophées !

Que l'on ne prétende pas que nous exagérons le mal à plaisir; les greffes de nos tribunaux consulaires regorgent de documens propres à convaincre les plus incrédules; les journaux judiciaires, malgré leur circonspection habituelle, contiennent tous les jours, à cet égard, des révélations plus significatives que toutes nos protestations. De tous côtés, s'élève un long cri de réprobation contre la commandite qui a dépouillé tant de victimes pour enrichir une poignée d'individus que la société devrait, à tout jamais, rejeter de son sein !

Et quelques honteux partisans de cette exploitation légale de la crédulité publique viendraient encore, sous de spécieux prétextes de liberté, proclamer l'incompétence du pouvoir dans une question qui, au contraire, l'intéresse particulièrement! Qu'est-il arrivé en laissant fonctionner la commandite à sa guise, en ne lui imposant aucune entrave sérieuse? Elle a non seulement enfanté une foule innombrable de malheurs individuels; elle a non seulement englouti la fortune privée d'une multitude de familles, mais elle a, ce qui est sans doute plus grave aux yeux d'un homme d'état, porté une perturbation profonde dans tous les rangs de la société, désorganisé le crédit commercial, et jeté des germes de démoralisation qui se trahissent par l'éclat et la multiplicité de certaines faillites justement suspectes ; en un mot elle n'a produit qu'une épouvantable anarchie dans le monde industriel. De longues années suffiront à peine à expier le tort moral et matériel qu'elle a fait à notre pays! Un pareil état de choses n'est-il pas de nature à éveiller la sollicitude des hauts pouvoirs qui sont placés à la tête de l'Etat!

Epurée de tout élément parasite, ramenée à une meilleure organisation, l'industrie est apte à devenir un excellent instrument de civilisation. Lorsque toutes les forces, toutes les tendances d'un pays sont dirigées dans cette voie, les passions politiques perdent de leur effervescence ; chacun trouve à utiliser son aptitude relative; chacun est intéressé au maintien de l'ordre et de la tranquillité publique. Le gouvernement en encourageant, mais surtout en moralisant cet instinct conservateur qui est le trait distinctif de notre époque, veille lui-même à son plus cher intérêt, à sa consolidation. Les difficultés qui viennent l'assaillir à chaque instant disparaîtront à mesure que des débouchés plus nombreux et plus productifs seront ouverts à toutes les capacités, à toutes les vocations ; or, c'est l'industrie seule qui peut fournir cette première ressource; le pouvoir actuel peut en tirer les mêmes services qu'autrefois l'Empire, de la carrière militaire. Elle peut même jusqu'à un certain point contribuer à retremper notre caractère national que l'on accuse à juste titre de s'être altéré au contact des passions égoïstes et vénales perfidement encouragées! Quelle est la lèpre de notre époque? quelle est la cause première de tant de capitulations de conscience, de tant de conversions subites, sinon la manie des places ? qui suscite au gouvernement tant d'embarras intérieurs, sinon les ambitions qu'il n'a pu satisfaire, les dévoûmens qu'il n'a pu remunérer et qui de là ont pris une attitude hostile. Eh bien ! l'industrie, lorsque débarrassée de la commandite, elle pourra suivre une marche franche, loyale et régulière, est le terrain pacifique où chacun voudra prendre sa place, et exercer son degré d'activité et d'aptitude.

Ce que j'appelle ici industrie, ne doit point se prendre dans l'étroite acception de ce mot ; il comprend tout ce qui se rattache aux intérêts agricoles, manufacturiers et commerciaux d'un peuple ; il est certain que le pouvoir, en les prenant sous son patronage immédiat, en empêchant que l'agiotage et le charlatanisme ne les fassent dévier de leur cours normal, en s'occupant sans cesse de trouver à nos produits indigènes des écoulemens sûrs et avantageux, travaillera à son affermissement en même temps qu'au bien-être et à la prospérité de ses administrés, et qu'il aura rendu un service immense à la société.

Assurément ces principes que nous proclamons et dont nous laissons à votre sagesse le développement législatif, devraient assurer aux journaux industriels, qui les ont constamment défendus, l'estime et la bienveillance du pouvoir. Nous regrettons de dire qu'il n'en est pas tout à fait ainsi. Ceux qui, dès le début, ont prévu la plupart des catastrophes qui viennent de nous affliger ; ceux qui, cédant à une profonde conviction, ont soulevé hardiment le voile qui couvrait de ténébreuses et déloyales manœuvres, ceux qui, se mettant en garde contre l'enivrement de l'opinion, n'ont pas craint de signaler hautement les piéges qu'on lui tendait, ceux enfin, qui forts de leur conscience et certains de voir un jour les événemens répondre à leurs prévisions, ont eu le courage de livrer à la publicité la réputation équivoque de certains noms-propres, ceux-là mêmes ont vu tourner contre eux l'appui que les lois leur devaient. Une législation, conçue dans le but spécial de réprimer les excès de la presse politique ; d'élever dans une sphère inviolable les pouvoirs qui sont la pierre angulaire de notre édifice social et politique, a servi, par une application erronée, à protéger contre la vindicte publique certaines spéculations flétries par l'opinion !... Les auteurs des lois de septembre n'ont certes pas eu l'idée de mettre sur la même ligne et les intérêts généraux personnifiés dans une auguste prérogative, et les intérêts individuels de certains faiseurs, dont le nom a acquis une triste célébrité ! Par quelle aberration a-t-on pu conférer à ces derniers le bénéfice d'une loi créée seulement pour rappeler au devoir du respect dû à l'autorité ! Voici le texte des articles qui ont établi cette étrange confusion.

« Art. 125 de la loi du 17 mai 1819 : La diffamation envers les particuliers sera punie d'un emprisonnement de cinq jours à un an, et d'une amende de 25 fr. à 2,000 fr., ou l'une de ces deux peines seulement, selon les circonstances. »

« Article 9 de la loi du 9 septembre 1835. Dans tous les cas de diffamation prévus par les lois, les peines qui sont portées pourront, suivant la gravité des circonstances, être élevées au double du maximum, soit pour l'emprisonnement, soit pour l'amende. Le coupable pourra en outre être interdit en tout ou partie, des droits mentionnés dans l'article 42 du code pénal ; pendant un temps égal à la durée de l'emprisonnement.

« Article 10. — Il est interdit aux journaux et écrits périodiques de rendre compte des procès pour outrages ou injures, et des procès en diffamation, où la preuve des faits diffamatoires n'est pas admise par la loi ; ils pourront seulement annoncer la plainte sur la demande du plaignant, dans tous les cas ils pourront insérer le jugement. »

Je n'argumenterai point sur l'interprétation plus ou moins élastique que l'on peut donner à ce texte ; c'est une œuvre de jurisconsulte tout-à-fait en dehors de l'objet de ce mémoire ; je me contenterai d'observer que l'esprit dominant de cette loi, est essentiellement politique et que l'on en a exagéré la portée en l'appliquant à la diffamation en matière d'industrie.

Un journal industriel, qui veut remplir consciencieusement sa mission, est amené nécessairement à mettre en scène les personnages dont il est de son devoir de contrôler les opérations commanditaires. Comme je l'ai fait remarquer dans les articles cités plus haut, il n'est pas dans une situation aussi commode qu'un publiciste de la presse politique pour se retrancher dans des généralités, dans de vagues insinuations. La critique de l'entreprise qui motive sa sévérité remonte nécessairement aux hommes qni l'ont fondée ou qui la gèrent. Ces derniers, alarmés d'une publicité importune qui menace de faire échouer leurs combinaisons plus ou moins blâmables, ne manquent pas d'intenter une action en diffamation ; ils se plaignent de l'audace du journaliste qui a scruté l'intérieur de leur vie privée, oubliant que le directeur d'une société en commandite, que le gérant d'une entreprise à laquelle concourrent un certain nombre de personnes, n'est plus un simple particulier, mais un homme public, revêtu d'un caractère public, et comme tel, justiciable de l'opinion de ses concitoyens. Or, quelle juridiction est appelée à vider ce différend entre cet homme public et l'écrivain qui a cru devoir soumettre ses actes à une appréciation consciencieuse? C'est le tribunal de police correctionnelle qui, jugeant non la question de fond, mais celle de forme, donne habituellement gain de cause à la partie plaignante ; comme les articles de la loi du 9 septembre sont précis, il est contraint d'en faire l'application, lors même qu'il arrive comme on l'a vu quelquefois, d'après les considérans de ses jugemens, qu'il condamne dans son for intérieur ce qu'il semble approuver dans la teneur de la sentence qu'il prononce. — Il résulte de cette singulière anomalie que les jugemens rendus par cette juridiction, dans ces cas exceptionnels, sont loin d'être infaillibles ; presque toujours ils sont cassés par l'opinion ; tel journal industriel se voit condamné pour n'avoir articulé que des faits véridiques, et qui ont reçu ensuite une éclatante sanction ; plus qu'aucun autre l'*Office de Publicité* a eu à subir les conséquences de cette application vicieuse d'une législation purement politique à des actes industriels. Les vives et implacables susceptibilités que sa courageuse franchise lui a attirées, ont trouvé un puissant auxiliaire dans ce système erroné. Par une bizarre compensation qui ne fait guère honneur aux théories de M. Azaïs, elle semble destinée à payer, par des condamnations en police correctionnelle, les services qu'elle rend au public ; presque chacun de ses succès correspond à une défaite judiciaire, alors même qu'elle reçoit de nombreux témoignages de gratitude et d'encouragement, elle se voit frappée coup sur coup par des jugemens en police correctionnelle ; ici, l'apothéose, là, l'amende et la prison,.....

Tout en respectant la chose jugée, nous livrons à l'impartialité de votre appréciation la valeur des poursuites dirigées contre nous par *certains gérans*.

Nous donnons les arrêts rendus sans rien dissimuler de ce qu'ils ont de sévère, et des résultats rigoureux qu'ils font peser sur nous; si ces rigueurs, fruits des lois exceptionnelles, ont réjoui nos adversaires, nous avons trouvé dans les sympathies de gens honorables et dans l'opinion générale du commerce, une compensation qui nous console suffisamment de quelques sacrifices pécuniaires.

6ᵉ CHAMB. DE POLICE CORRECT.—M. PINONDEL, PRÉSIDENT.

(Audience du 23 septembre 1829)

VAILLANT (Jules) (1), ex-gérant du Pilori.

DEMANDE.

12,000 fr dommages-intérêts.
1,000 affiches.
Insertion dans 8 journaux de la capitale et 6 journaux de la province.

CONDAMNATION.

100 fr. dommages-intérêts.
300 fr. d'amende.
Insertion du jugement dans 3 journaux.
6 mois de contrainte par corps.

7ᵉ CHAMB. DE POL. CORRECT.—M. PERROT, PRÉSIDENT.

(Audience du 20 novembre 1839.)

LELIÈVRE (2), poursuivant dans l'affaire Théodore Perrin et Juin d'Allas (3), ex-abbés. Lelièvre, se disant négociant en actions industrielles.

DEMANDE.

12,000 fr. dommages-intérêts.
500 affiches.
Insertion dans 4 journaux.

CONDAMNATION.

500 fr. dommages-intérêts.
100 fr. d'amende.
Insertion dans 3 journaux.
5 jours de prison.
6 mois de contrainte par corps.

6ᵉ CHAMB. DE POL. CORRECT.—M. PINONDEL, PRÉSIDENT.

(Audience du 23 novembre.)

Société des Travaux publics au capital de 10 millions, gérant Isoard, déclaré en faillite le 10 novembre pour un passif de 12,000 fr.
SERPOLET de St-Anne, ex-gérant de la Société de l'Industrie et administrateur de la Société des Travaux publics (4), poursuivant.

DEMANDE.

6,000 fr. dommages-intérêts.
500 affiches.
Insertion dans 3 journaux.

---

(1) M. Desertine a entre les mains une créance appuyée d'un jugement avec contrainte par corps, s'élevant avec les frais, à 350 fr., pour un effet non payé en 1836.

(2) Nous sommes porteur d'un jugement exécutoire d'une créance de 1260 fr. avec contrainte par corps pour montant d'effets non soldés en 1838.

(3) A lui seul, il a eu l'idée créatrice de dix sociétés en commandite par actions, qui toutes ont failli ou mal tourné.

(4) M. Desertine est propriétaire de 16 actions de 1,000 fr. chacune de la Société des Travaux publics. 4 de ces actions sont complétement libérées; les autres sont libérées pour 5, 6, 7, 8 et 9 dixièmes. Les paiemens effectués sur ces actions sont reconnus par la signature Serpolet de Saint-Anne, comme administrateur de la Société de l'Industrie.

CONADMNATION.

1,000 fr. dommages-intérêts.
200 fr. d'amende.
Insertion dans 3 journaux.
6 mois de contrainte par corps.

7e CHAMBRE POL. CORR.— M. PERROT, PRÉSIDENT.

(Audience du 30 novembre.)

M. Villette, gérant (1) de la Compagnie le Réparateur, Société en commandite par actions, assurances contre l'incendie.

Refus d'insertion dans le journal, d'une réclamation contenant des expressions inconvenantes, mensongères et outrageantes pour les Compagnies anonymes.

DEMANDE.

6,000 fr. de dommages-intérêts.
1,500 affiches.
Insertion dans 4 journaux.

CONDAMNATION (2).

200 fr. dommages-intérêts.
100 fr. d'amende.
Insertion dans 3 journaux.
6 mois de contrainte par corps.

7e CHAMBRE POL. CORR. — M. PERROT, PRÉSIDENT.

(Audience du 31 janvier 1840.)

M. Leroux de Lens (3), gérant de la Compagnie la Salamandre, Société en commandite par actions, assurances contre l'incendie.

Pour articles prétendus diffamatoires sur sa gestion et l'organisation de sa Société, articles qui remontent à près de seize mois, pour avoir porté, par la voie de la publicité, ses actions en perte, et cependant nous en avons vendu 10 à 25 p. 0/0 de perte.

DEMANDE.

50,000 fr. dommages-intérêts.
1,000 affiches.
Insertion dans 4 journaux.

CONDAMNATION *(par défaut)*.

2,000 fr. dommages-intérêts.
2 mois de prison.
2 ans de contrainte par corps.

7e CHAMBRE POL. CORR.—CAUSE A VENIR LE 12 FÉV. PROCHAIN.

Première assignation pour notre nouveau gérant.

M. Villette, gérant du Réparateur, Compagnie d'assurances contre l'incendie, société en commandite par actions.

Pour articles prétendus diffamatoires sur sa gestion et l'organisation de sa Société.

DEMANDE.

3,000 fr. dommages-intérêts.
1,000 affiches.
Insertion dans 4 journaux.

CONDAMNATION.

A intervenir.

---

(1) Ex-agent d'affaires, et, en dernier lieu, agent de la Compagnie générale à St-Quentin.
(2) Voir le *Droit* du 11 décembre 1839. La brillante et spirituelle plaidoirie de Me Bazeynerie, avocat à la Cour Royale, qui nous a prêté l'appui de son talent, fait contraste à côté de la pâle et insignifiante loquacité de Me Fontaine de Melun, au tribunal et chez M. le juge-depaix du troisième arrondissement, et insérée à l'*Audience*, du 30 janvier dernier.
(3) Ex-sous-chef au ministère des finances, et ancien marchand de vins, ancien banquier et ancien associé de l'infortuné et malheureux C. M. B.

18

TRIBUNAL CIVIL. — AFFAIRE AU RÔLE.

M. VILLETTE, gérant du *Réparateur*,

Pour avoir inséré dans l'*Office de Publicité* des actions à vendre en perte, et cependant il en
a été vendu en perte par M. Cornat le 15 novembre dernier.

DEMANDE.

10,000 fr. de dommages-intérêts,
500 affiches,
Insertion dans trois journaux.

CONDAMNATION.

A intervenir.

Je suis bien éloigné de faire peser la moindre insinuation malveillante sur
les honorables magistrats qui composent cette juridiction, et d'oublier, je le
repète, le principe tutélaire : *respect à la chose jugée!* mais le vice que je crois
devoir signaler découle non des hommes, mais de la nature même des choses.
Assurément, c'est déroger à toutes les règles de la logique, et d'une bonne et
équitable répartition d'attributions, que de confier la décision de causes
exclusivement commerciales et industrielles au même tribunal qui juge les
attentats et les délits contre l'ordre social. L'écrivain, pour avoir, au contraire, utilement bravé ce dernier, est fréquemment exposé à aller s'asseoir
sur la sellette tiède encore de la présence d'un voleur ou d'un vagabond! Il
est exposé à aller expier dans la même prison le *crime* d'avoir démasqué un
fripon ; et cela parce que le sens de deux articles de loi est soumis à une interprétation erronée!...

Il serait beaucoup plus convenable et plus rationel de renvoyer aux tribunaux de commerce la connaissance de ces prétendus délits de diffamation
derrière lesquels se retranchent tant d'*honnêtes industriels* pour bâillonner
leurs adversaires. Là, au moins, les parties auraient l'immense avantage
d'être jugées par leurs pairs. Les faits incriminés seraient soumis à une en-
quête préalable, et si le journaliste poursuivi était reconnu n'avoir fait
qu'un usage consciencieux de son droit, et n'avoir consulté pour mobile de
sa conduite, que l'intérêt public, et non un vil sentiment de haine et de rivalité,
il serait certain de n'être point taxé par un arrêt infamant de diffamateur,
alors même que sa véracité est constatée; il sortirait triomphant d'une épreuve
dont le honteux éclat retomberait sur qui de droit. L'adoption d'un système
si simple et si logique porterait un coup mortel à toutes ces spéculations ha-
sardées, aventureuses, qui débutent avec des millions..... sur le papier, et
qui meurent avec des faillites de 1,200 fr., ne laissant à leurs confians souscripteurs que des prospectus et que des coupons d'actions sans valeur. Un
industriel, quelqu'impudent qu'il fût, ferait de sérieuses réflexions avant
d'accoler son nom à celui d'une entreprise que sa féconde imagination aurait
improvisée; car il saurait que désormais il ne pourrait plus, sous le vain pré-
texte de diffamation, neutraliser les sévères investigations de la presse, qui
aurait dans notre magistrature consulaire un appui éclairé et incorruptible.

Il est d'autant plus facile d'opérer cette amélioration réelle dans notre législation que l'infatigable activité de son Excellence le garde-des-sceaux s'occupe, dit-on, d'un projet de loi tendant à adjoindre un parquet à chaque tribunal de commerce; mesure dont ses lumières et sa haute expérience lui ont
démontré la nécessité.

J'ai d'autant plus d'espoir que mes observations trouveront quelque écho parmi vous, que le tribunal correctionnel lui-même, vient de consacrer en principe dans son audience du 7 courant, une distinction de la plus haute importance dans la matière qui nous occupe.

Il s'agissait d'une plainte en diffamation, portée par MM. Perrier frères contre le directeur de l'*Office de Publicité* et MM. Dujarrier et Boulé, gérans de la *Presse* et de l'*Estafette* (1).

Le tribunal a renvoyé les prévenus de la plainte en condamnant la partie civile aux dépens.

L'un des considérans de ce jugement pose un principe important et que nous croyons conforme au véritable esprit de la loi. Le tribunal décide que la diffamation, pour constituer un délit, doit réunir deux caractères, l'allégation du fait et *l'intention méchante de nuire.*

Des décisions précédentes avaient posé un principe contraire et jugé que *l'intention* n'était pas un des élémens essentiels du délit de diffamation, et qu'il suffisait, pour donner ouverture à l'action criminelle, que le fait incriminé renfermât une imputation de nature à porter atteinte au crédit ou à la considération du plaignant.

Qu'est-ce donc que la diffamation? C'est un délit. Or, un délit suppose nécessairement une intention coupable.

En jugeant le contraire, les décisions que nous rappelons se préoccupaient des principes qui régissent les contraventions, à l'égard desquelles le fait matériel suffit, abstraction de toute pensée coupable. Mais cette exception, déjà si exorbitante en ce qui concerne les contraventions, ne trouve nulle part le germe de son application aux délits. Le tribunal a donc, ce nous semble, fort sagement apprécié aujourd'hui les véritables caractères de la diffamation.

En résulte-t-il que celui qui aura été victime d'un préjudice dans son honneur ou dans sa considération se trouvera déchu de toute réparation? Non, sans doute : la voie civile lui sera toujours ouverte pour obtenir raison du fait dommageable, mais la voie correctionnelle devra lui échapper. Il y aura préjudice et non délit ; il y aura dommages-intérêts, non application d'une peine.

Si ma faible voix s'élevait impuissante pour obtenir la révision des lois de septembre, en ce qu'elles ont de sévère pour la presse industrielle, j'oserais vous supplier de prendre note de la position tout exceptionnelle des gérans de sociétés en commandite. Si, en acceptant le mandat d'un grand nombre de personnes, ils se rangent dans la catégorie des fonctionnaires publics, ils doivent naturellement subir les conséquences de leur position. J'ose donc réclamer de votre justice l'appréciation de cette considération et l'application pleine et entière, à leur égard, des dispositions de la loi du 26 mai 1819, articles 13 et 20, ainsi conçus :

« Art. 13. — Les crimes ou délits commis par la voie de la presse ou tout autre moyen de publication seront renvoyés par la chambre des mises d'accusation devant la cour d'assises, pour être jugés à la prochaine session. »

---

(1) Voir la *Gazette des Tribunaux* et le journal le *Droit* (qui est toujours rédigé avec une très-grande impartialité) du 8 février.

« Art. 20. — Nul ne sera admis à prouver la vérité des faits diffamatoires, si ce n'est dans le cas d'imputation contre toute personne ayant agi dans un caractère public, de faits relatifs à leurs fonctions ; dans ce cas, les faits pourront être prouvés pardevant la cour d'assises, par toutes les voies ordinaires, sauf la preuve contraire par le mêmes voies. La preuve des faits imputés met l'auteur de l'imputation à l'abri de toute peine. »

Ici s'arrête ma tâche..... La vôtre commence, messieurs ! Si quelques-unes de mes vues ont l'honneur d'obtenir votre assentiment, je serai heureux d'avoir coopéré pour une faible part à hâter l'œuvre législative destinée à régénérer notre industrie, à la garantir de l'alliage immonde de l'industrialisme, et à imprimer ainsi une salutaire et progressive impulsion à toutes les branches de la richesse publique.

DESERTINE,
Electeur-éligible du 2ᵉ arrondissement, et adjudant en retraite.
Boulevart Montmartre, 9, à Paris.

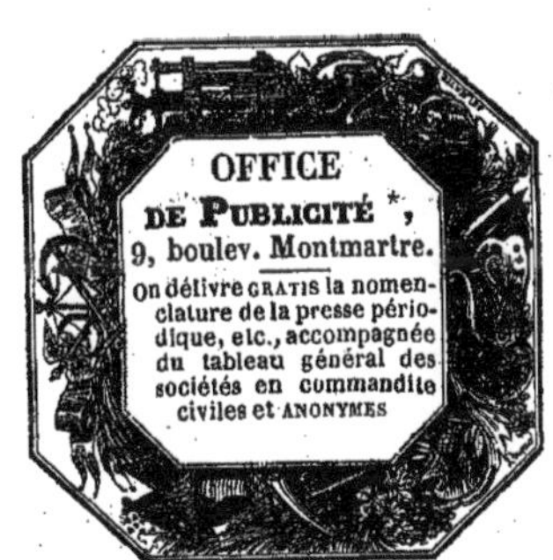

Imprimerie BELIN et comp.,
rue Ste-Anne, 55.